AF302572

COURANT OUTAKA

Édition : BoD - Books on Demand, info@bod.fr

Impression : BoD – Books on Demand,
In de Tarpen 42, Norderstedt (Allemagne)

Impression à la demande
ISBN : 978-2-3225-2568-3
Dépôt légal : Avril 2024

COURANT OUTAKA
« Poésies »

Jérémie Guidez

« Ces vers pour remercier, en tant qu'ami, la vie, les souvenirs et la poésie. » …

Plaidoyer

Sous la vague de tous les possibles… sans solitude ni insomnie, mon cœur de jeune homme cherche sa faim.

Petit bonhomme cherche et ne trouve pas le titre, magistral et vital d'émerveillement. Myriade comme écho d'azur et de confiance pour se retrouver tous égaux sous le ciel en partance, au-delà des tumultes et des griefs d'une terre.
La vie sera de bon ton pour ce songe qui m'en fait voir de toutes les couleurs. Ce moment qui m'illumine et souligne la chance que j'ai de voir en mémoire les nuages du passé éclatés et, à présent, fondre cet instant à des paysages et des hommes revigorés.
Rejoindre un fleuve de sensations, d'une vie. En moi, sensibles, éconduites, ballottées dans les merveilles et les outrages d'une journée, se dispersent toutes les saveurs venues nourrir, mourir à mes pieds un pas après l'autre peut être trop occupées de remous pour présager leur profonde pensée.
Après la pluie vient le beau temps.
C'est décidé ainsi.

Qu'en moi scintille un espoir comme le vent qui sous mon amour propre et mon âme, parviennent à s'expliquer et à m'emporter. Depuis, il y a ces instants enchantés trempant ma plume.

À l'air du temps

Ne serait-ce qu'une chaumière ouverte

Sur le fronton d'un chacun

Un bruit court, la musique offerte

Là où quelqu'un s'apporte et tend l'oreille
D'une joie qui passait son chemin

Ma petite fée l'a dit un jour
Cela viendra
Comme la vie s'en retourne toujours
Toute frétillante tel un ange
Et qu'en chacun, on lirait ton rêve entrevu
Les ailes à rejoindre des saisons élégantes

Au sortir de son lit
Sans s'être aperçu que la goutte de soleil
Était là

Pour resplendir
Les instants où l'on se ramène
À la perle, fille des jours
Sans songer au sommeil
Elle s'est perdue dans ces bleus
Pâmoison de sable ou restants d'horizon
Autour, le vent d'un sourire
Soufflant doux
D'aller vous retrouver

Dans les éléments où la terre
Bleue
Remonte un tant soit peu l'été

À nous, ce soleil qui boit
Le jardin qui chante sous la pluie

Et délivre au silence qui ruisselle
Les éclaircies

Quelque part des cerfs-volants au-dessus des plages

À l'atelier, quelques branches de bois
Pour nous élever, avant qu'une tempête passe au
large

Déployer la toile
Au milieu des mouettes
Et ce doux songe pris au vent
Verra le ciel en la mer des goélettes

Un peu défaite à cette plage où s'appuient les
vagues, dodeline ce rivage
Puis l'encrier déverse du sel et de la mousse foulés
par les vents et sur le coin d'un rocher

Au grain de sable mouillé, peut être bien
Qu'elle rentrera

Tombant ainsi sans plus d'habitudes

Sur le palier
L'écume du sable à nos pieds

Ce ne sera pas un mauvais jour
D'avoir osé
Être sorti

Serais-tu née d'avril ?
Telle une écume
À travers ces flaques, allons plonger
Comme un poisson dans l'eau

D'emblée à ton voyage

Ton odeur à enflammé le midi
Vacillant, les moments ont rougi
La lumière était pleine d'un ciel en rosé
Tu ionisais un soupçon sablé en nos voix
Rafraîchissant une enfance
Le regard reposé de la lune

Ce que j'aime
Respire de toi
Cette chaleur naissante

D'une Aurore sur la mer
Sur les châteaux de sable
Ouvrant nos frontières

Il y eut aussi ces fragrances
Travesties dans l'ombre
Voyageant en errance
Comme un goût de monde

S'y prête le parfum de l'aisance
Telle une vague où nos chances frondent

Salées de ces délivrances
Le jour où sur moi glisse l'onde
En petites ou grandes séances
Suffisant à décrire les gestes
Comme un Everest immense
Au temps qu'il nous reste

Encore aimer, encore
Encore, encore, encore

Qu'une friche à dépasser dès lors
À la libération de ce temps fort

Comme un monde, un désordre. Fera-t-il sens pour
toi, sera-t-il vie ?

Troublé d'insouciance
À faire le beau surgit
Jusqu'au clair et l'audacieux vizir
Agissant à ta déférence et ta magie
Émulsion de ton temps sans préavis

Nuirait même la passion et ce reflet d'atteindre
Auparavant – de tout tort ou salut possible
De souffrance et de joie indomptées
Fermement sensible à m'ouvrir ou me résoudre
Est-ce folie, est-ce raison ?
Je ne te connais pas de nom
J'intériorise

Est-ce là la reconnaissance
Ou chant de solitude ?
Pour mon peu de commodité
Par le moral, bon ou mauvais
Retrouva le transfuge des instants

Interrogation et sentiment pour discerner dans ces
prunelles une petite pointe d'égard et d'espérance.

À saisir par cette flamme poétique
Nos cœurs en ébats

Le sentiment se ploie
En nos cœurs
S'emploie de toi, en ébullition
Un nirvana qui ne connaît pas de fond

Presque ébloui et oublié dans notre amour…
Cela arrache mon cœur me faisant sang à l'heure

Pulse comme vigueur, découle
Jaillis, danse, rie, joue, prie
Que sais-je
Que cette vie soit amour
Sans mirage pour toi-même

Alors aime, prie, rie, joue, danse, coule, jaillit
Jusqu'à ce que cela t'imprègne.

Épopée

Conditionnel à ce rêve
Afin de nous retrouver en chemin

Nuisette et chant
Des oiseaux volent et s'exhibent
M'incitant à me prendre dans le vent d'avril
Comme chat maraudant
Ronronnant comme la ville

À la pointe du jour, mon clin d'œil s'en allant, mes
arcs de lunes apparents
L'utopie levée au moteur de nos chants
Respire en ces notes

Esclaffé d'un bleu soupirant
Dévoile une corolle d'aube
Ah, songe souffletant

Que m'as-tu dit de révérencieux ?

Sous cette vue la nuit s'expire
Et le ciel de ses lumières n'en serait pas moins
l'empire

Qu'as-tu dit, levant les yeux ?

Écoute, regarde en le jour qui s'étire
Je laisse l'oiseau à son chant
L'aube à l'avenir

Inspiré de nos printemps
Le repos d'un rêve étiré
D'une douceur éveillée

Était-il permis d'en douter… fallait-il que l'on
s'avance en pensée ? Peut-être, avec cœur…
assurément

Une jambe qui partait à gauche
Une jambe qui partait à droite
Mon chapeau de cowboy
Le regard coyote

Au pied d'un puits
Quelques marches
Comme nombre d'insoumis
Ne connaissant plus la soif
Mes jambes se croisent
La paresse n'a guère d'eau turquoise
De travers, tout un corps s'extase
Juste pris dans une vie à dézinguer

Une guerre des prix
La paix des ménages
La concurrence en elle
La peur et l'outrage
À l'aube, j'espère renaître
Épuiser les fautes
Épuiser le temps
Alors, j'allume cette foutue cigarette

Endolori, je prends mon pied
Endolori, le regard dans la fumée
Endolori, de vert pâturage
À puiser mon souffle avant de disparaître

Puis, vient ce brin d'orge
Comme à l'orgie d'un soleil

Qui touche mes lèvres de cowboy
Et me nourrit
En coulant sur mon esprit
Une terre revigorée
Sa note de pluie et de lumière
De voyage à sa sève
La rive, coulant comme la veine
Pour laquelle j'ai poussé le chant
Et semaillé
De sa graine
Aride pensée
Si ce jour ne se lève
La nuit se couche
Le temps d'une fraction
J'embrasserai l'ennui
De son horizon

Je lui dirais que même ici
La vie murmure un air
Comme un frisson

Était-ce un choix
Sur les pointillés de mon existence
D'émettre sous notre toit
Ce parfum partagé entre étincelle et soupir ?

Avais-je l'air de toi
Susurrer un vent désir
Au temps de s'unir
À créer, apprécier, peut-être à l'infini

Au bras des nuits
Mon cœur en ébat
Car tu m'appelle, tu me traverse et me parle

Un souffle certain
De vagues et de plis venu éclairer notre chant épris
Aux étoiles partagées de ton regard.

Souhait d'avenir et d'empreinte sur les chemins
Notre paysage comme des possibles se ravive

Moineau d'une enfance
Geronimo des aubes
Cowboy des dunes et rues agitées
De la bande décimée des anges

Aux plus beaux soubresauts qui m'entraînent
En joie avec certains dilemmes
Reviennent encore les combats
Lorsque la liberté n'est pas

J'ouvre alors ces folies ou je ferme
Des yeux et des fenêtres. De presque oublis
D'éclore encore… peut-être

Apercevoir le beau et
Emmener notre temps infime
Émailler l'esplanade
Vacataire de nos idées
En regards insatiables

Minéral aux images de lumière croquées
Sillage des sourires déversés
Juste à raviver l'insouciance imagée
De nos vies prenant le large
Mes ailes comme des poèmes

Je chemine alors sur ces sentiers improbable, émotif,
sensible bataille, à trouver sous la solution des
étoiles, les acheminés, les perdants, les déplorés…
les pas banals que tu avais laissé incompris sur des
chemins…

Nous palabrant de courants
Moult états
D'embruns et d'images façonnés
À se briser au drapeau calme de la vie qui s'émousse

Pétris de lueur
Dans un bleu confiant peine et joie du cœur
À blottir le sommeil

Pour se relever

En tout petits gestes
Célestes
Ruisselant de naissance

Nos yeux témoignent
Pour que l'on se hisse

En de vagues étincelles

Puis nos voix liées
Voguent et se ramènent
En aubes

Chassant les mémoires douloureuses
Pour déloger tant de questions
À songer
Comme des flots qui flanchent en connivence
Insatiable, Inlassable

Sensible à la mélodie
Tel un souffle d'être

Où tout émoi s'avise
Tel un printemps
Cueillant la gourmandise
De ton visage
De ces opales aux reflets d'argent
Qu'est ton regard sur les rivages

Suant, se gorgeant
Symphonie prenant le vent

À nos attaches, nous pourrions graver
Outre les trésors d'imagination
Notre présent comme l'or
Et notre amour
Alors, comme aujourd'hui

Doué d'un songe intime et infini
Gambadant dans ces nuées

Terre de ces inspirations
Il nous fallait boire
Les écrins d'embrun
Faisant saliver

Les odeurs familières et subtiles
Des matins en toi réanimés
Sur l'embardée des rêves, sur les cimes des rimes et
des rives
Même à travers les fumigènes qui dérivent
De nos pensées s'épanchant
Comme un voilier

Phénomène de nos vagues
En la vie
Pour faire voyage
Les envies s'imprègnent
Dissipant voies sages
Qu'un jour serait cette trêve
Nous faisant esquisse commune
De l'infini bleu de nos rêves

Infusées les rires et les larmes
Ces particules nous entraînent
À nous faire mal
Mais surtout à être joyeux
Elle aurait ta voix

Nous en ferions proses
De souvenir et d'enthousiasme réel

Pour la fleur de nos âmes
Comme panaché d'étoiles
D'un halo frêle et renversant

De nos êtres écumants
Venant aussi d'un calme roucoulant

Suspendu et entraînant
Des étincelles bleuies et indemnes
Pour ces jours qui se lèvent
Subjuguer de l'espoir

Légèrement perle sur ton front
Pas plus d'histoire que d'horizon
Comme geyser d'un temps qui passe
Elle aura fait de clémence
La chaleur,
À nu de l'existence
De ces petites traverses
Reposant de source inspirée
Berceuse à tant d'averses

Pour souvent revoir les joies reposées

Le temps d'un sable délité,
Courant de nos espérances
Tout autant en ivresse blanche et Voie lactée

Puis viennent les souvenirs au soir
Remuant à la peau, les eaux et les songes

Des sentiments qui tiennent la ligne, qui t'ont
grandi, qui t'alignent…
Aux yeux mi-clos sur les rêves à faire un temps
Clignoter soudain des vœux, des idées, des songes
merveilleux, engagés à ton jour levé.

Rebond

Le bord de ces lèvres retrouvées
Gardant en mon sein l'intrigue à cette embardée

Évasant de songe en merveille
Un commencement de notre rêve

Je me mets alors en selle
Pour me conduire en notre ciel
Ce n'est pas la nuit, bien que brève
Qui me rappelle

Pour le jour le plus savoureux et bon
De cette source à bord de tes yeux
Le jaillissement du feu, de l'eau et la terre
À l'horizon
De jour ou de nuit, je le sais,
Il ne pourra plus briser notre entente

Ce feu de joie me réchauffe
Souffles-tu toujours comme je vois les braises
De ce ciel de printemps
Encore incandescent
À faire des étincelles comme le premier homme
Par ton parfum rosé

Craquant mes doigts et ma main à s'enflammer
Dans les tiennes
Je sens bien que tu m'aimes malgré ça
Autant que tu me donnes haleine

En cet étonnant regard
Passager
Parler de cette vie
Du ciel en partage
Aussi long soit le chemin
De rêves et son courage

Là où les rives en libellent
L'hospitalité d'un cœur d'ouvrage
À ton alchimie véritable
L'aune des lèvres
Sémaphore de tant d'aurore
Conçoit l'ivresse et d'autres choses encore
Des déserts
Des golfes et des rivières
Portant idée et mot comme l'eau

Un tremblement caresse
L'héritage
Les rêveries renaissent
Indémodables, elles paraissent

Des étoiles en nos esprits et nous transpercent
Suppose encore un peu le corps endolori
Qui tente et se marie à nos envies de traverses
D'un désir se réveillant petit à petit
Pour que ta silhouette apparaisse

Témoin

Je crois à ce jour, clair aux recours

De source vive scintillant l'amour
Éclairante de bien trop de détours parfois
Le soir plus que flamboyant
Éclairant la nuit la plus longue

Ma mémoire, cousue à tes gestes s'anime
La forme des cristaux que sèment
Tes reflets diamants

Sous cette main
Lit et caresse ta peau
À la pression des souffles chauds
Sage d'une vie sans enfouir les nuages
Sous des étoiles en paysage dispersé
Comme des éclats de clarté
Magenta des souhaits que même la nuit fugue,
Sans un puits sombre qui ne serait pas éclairé

Palpitant et bien réel
Je me souviens
Édifiant dans ces heures
Une chaleur ailée
Derrière les secrets, les failles

De la vie prenant le large
Quitte à dresser la poésie
Charmée
Au centre du vent et y repulper
Cet air qui se ramène, muer de liberté

Une aube qui se tenait aux fenêtres pour dire au
revoir aux peines défaites du sommeil
Tenant en main
Du soleil fougueux, de souvenirs indéfectibles
De passion, en rivière câline
J'entends encore se disloquer mes doigts pour nous
rencontrer

À des murmures qui pleuvent
Je t'entends
Cet éclairage avenant
De voix douce m'émeut

Un jour, une nuit, un rêve
À l'entre-bâillement des yeux
S'ouvrir au loin
Telle la main qui m'encoche
Archipel où glisse ma conscience

J'ai découvert dans ton regard ce rayon
Qui donna ces couleurs de l'étain et du blond
Aussi profond que le ciel bleu
Comme un printemps
Blanc
Où se nicher
A l'effet de ta présence
Et fait que souffrance et joie se délit à la fureur

Œuvrant les couleurs et les pousses de vaillance

À cet être que rien n'y parait
Que les temps sont tes chances
Parfumées d'air, de poèmes, de vitalité
En résurgence
Preuves de cette lumière
Que nos saisons allaitées
Serviront et découleront
Sans frontière.

Itinérance

Sur la marche, un pas de plus en escarpins
Gobé d'une lune en petite maille côtelée
En une fraîcheur des plus envolées

Devinée par ta peau frissonnant dans le sommeil

Sur le flanc, une heure de plus entre nuit et jour
Débouter le cri de miel et de couleur nuancée
En bord de côte, les plis ambrés des vagues d'amour

Les bords des friches solaires et des rêves
Profilant juste à les effleurer
Elles qui s'évertuent toutes au dénuement
Venant à s'affaisser sur les rochers

Comme embrasés les principes qui forgent un *je
t'aime* derrière le passé
Présent en cela le désir

Plongeant à la nage
Les trémolos de la beauté
Dans ces airs en partage
Commençant à poindre
De toi et de moi
Quel est ce ciel
Qui en nous brillait ?
Je réponds de ma vie de t'avoir rencontré
Même si je me rassieds
Sur les mots bien galvaudés
Avéré au grand jour
À bien des sentiments qui s'inclinent
Je pourrais peut-être bien passer ma vie
À écrire
Ce que les songes ou l'avenir sauraient

Nous dire

Que m'importent les *si* du passé

Dans ce qui sourit, plonge ce qui plonge

J'envie même le jour des appels
Des *au revoir* un peu cruels
Tourner des phrases pour y comprendre
La ritournelle quitte à faire exploser le cadran
Les aiguilles, les kilométrages
Accélérer droit devant
Et te sortir des horizons virulents
Revenir sur nos traces,
À déposer bagage
Et se dire : viens, on trace
Et l'on suit ce plan, il faut que je me le rappelle

De cadence sans soupir, à en avoir mal aussi… Oh
La dentelle de nos années arrachées
Dessine et caresse nos émotions revisitées

Avec toi je pourrais

Admirer mes poèmes, ne rien inventer
N'étant là que pour poursuivre
L'étonnement à tes côtés

Quant à la piste, on s'en moque
Tant que j'ai ton sourire

Qui me guide en tout lieu

Décrire notre voyage en ces mouvements agiles et
gracieux
De cette vie qui panse, comme un œil ouvert et
confiant de devoir avancer, en toi et moi, comme
une ébullition, formant les couleurs dans un air de
transformation
Dispersant la forme et le temps.
Comme un ciel suspendu… Corrélé de ma
croissance, arc bouté de circonstance, le nez au ciel
des transitions. Brûlant encore mes lèvres, mes
vapeurs courtisant les nuances…
Soit la force qui m'émeut. Qui me pleure. Qui
m'aime. Qui me sourit et… bien d'autres choses
encore. Que sais-je ? Au vent qui nous sème
Un secret
Au bord de ces Bermudes, un baiser dans le vent…
En héritage, l'eau se réveille sur la ligne formant ta
beauté.
…de ton pas, ton heure, ton saut, ton mouvement
Nouveau

Faisant de l'échange le fruit des saisons comme le
temps passe et fléchit
Mon feu a faim de poésie et d'amour en prémisse
que le ciel à notre augure s'embellit et croit aux
regards ronds comme la lune à travers la nuit
Donne ces nuances envisagées, dévisageant cette
chaleur en partance

Je franchirais derrière ce tempétueux phénomène,
nos couleurs de rêve et de réel…

D'évidence

À la lumière et à la chaleur innée au bon matin
Dans un florilège
Libéré au vent
De toutes ces attentions
Belle dans les repères du temps
Tu l'es, nous dans toute sa célébration

Le minot

Clapotis dans les rêves

Les yeux en goutte de soleil
S'égoutte un peu la lune

Ces quelques gouttes formaient un tout,
Te connaître donne raison au poète, mon rêve, mon
heure qui ne s'achève.
À travers ce monde, la chaleur sans trêve à mes
lèvres se déverse, j'ignore autrement faire que de
chérir ta présence déployée en mon cœur.
Dans le cliquetis du temps, même dans un ciel se
soulevant, les heures et les horloges auront beau
remonter le passé, dans mes jours et mes nuits, c'est
une présence qui se loge en moi chaque seconde
sans s'arrêter.

Dans la maison des choix et du passé
Un rayon d'émotion levant
S'en allant

Dispersant la forme et le temps
Comme un sensible ouvrage

Un souvenir s'écume sans rancune
Une vague mémoire
Pétrit les courants et les sensations
Dans des reflets

De coutume et us dans l'armoire
M'apercevoir
Le manteau blanc

Des cheveux ivoires ou diamants
D'âges sous tumulte égaré

L'âme et mon cœur continuent d'ouvrir cette lumière
De ton essence
Pour au moins la peur qui s'y noierait
Au séant de la souvenance
En étoiles sur les eaux calmes
D'aucun regret

Et te dire hé, petit, sonne l'heure
Souviens-toi de tes pas venus
Dans le sable nu des moments
Pour ne voir qu'un rythme dénué d'aigreurs

Sans cabosser à l'intérieur, ces flous, ces vertiges…
Mis à côté des valises.

Tu ne peux pas manquer les quatre heures
De gloire,
Impossible
Tu avances intrépide.
Vie comme une vague insubmersible

D'autres raconteront encore comme en âge de dix
ans
Que soudain le marchand de sable a pris la clef des
champs

Pour entrevoir tes aurores

Embrasser tes jours et tes joues
Rouge quand tu joues
Tout comme la chaleur diffuse
Blanche des étoiles en ta muse

Pour ce temps, de la terre, de la graine en fleur
Cajolant tes heures…
Plus qu'une caresse
Pour le moment et que l'instant d'après ne cesse
De t'enivrer et de t'émuler
De te raconter le soir
De t'écrire et de te voir

Alors autant à la plage que dans un champ lilas
Même ce café-bar tabac
Se traversera de printemps

Le carrelage figurait comme un album moucheté de
poussière et de miettes, froid pour mes petits pieds.
On aurait pu vivre et passer des moments seventies,
se cacher dans les placards, boire les bouteilles en
cachette et voir les passants à travers la cuisine. Sur
le mur, nous aurions inscrit notre taille et sur le frigo
placardé nos grimaces, nous délectant d'un
cappuccino qui nous aurait fait, plus vite que le
temps, des moustaches.
Aux quatre matins, essayer d'atteindre le plafond,
aussi haut que celui des églises.
Aujourd'hui ce n'est plus qu'un lieu d'oiseaux et de
brindilles, d'un muret qui s'effrite, là où une faille

accueille des racines et les volets clos d'un vieux
bois buvant le temps de la pluie fine.

De ces atours et petites graines
Là où les oiseaux nichent du soleil
D'avoir osé prendre le café autour d'un livre
Mômes des souvenirs
Caressant les papilles
Douces, indélébiles
De sourires chauds

Comme toujours me prenant la main
Songes d'heureux secours
Soutenant le temps qui vient
Décorant toujours des aubes printanières
Là où s'aventure
Joie et fêlure

Comme illustre
De rires et de rides aussi
Auprès des siens et de ses rives
Faisant phare à travers les brumes
De souvenirs qui s'en délivrent

Images et effusions
Reprenant ses envols
Revient comme une vague
Raffolant et raflant quelques moments

Puisque rien n'est flou sous la lumière de la vie

Écarlate d'un peu de tout
Venant rafraîchir
Les choix par devenir
Que tu seras

Entre rêve et confidence
Puisque tout semble enfance
À celui qui se laisse emporter

À la paix de tes propres rives
Parallèle à une poésie d'amour

Chérissant et évoluant
Le vent désir
De ta nouvelle
Au souffle et à l'écume des jours

Comme observer cette joie
Jaillir en l'être
Tu saisis mes doigts
Devant discuter entre aube et étoile pour renaître

Par là, cet effet d'apparaître
Par ta cause, tes promesses,
Une délicatesse

Oh combien, portant nos années
Et disculper les larmes
Évanouies sous ton charme

Toi qui seras
En vérité, de toi est la beauté
Vivant repère lorsque s'empresse et se joue

Ces petits miracles
Que tes pupilles luisent
Et la chamade qu'elles traduisent

Immersion

Par le soleil et la mer que l'on a su regarder
ensemble
Se retrouvent les échos
De nos patiences

Comme le fleuve de mes mots
Se désaltère à ta présence

Pêchant
Entre ombres et lumières
S'esclaffant d'un murmure
Que tu étais là

En fait d'un vécu
Nous nous traversons
Pour plus d'attention
En terre de jubilation

Emmener
L'Archipel des azurs
De ce temps plus fort
Irradiant, s'évaporant aux étoiles

Proclamant les éclats formels d'une flamme, tenace
et intemporelle, d'une terre, de nuage et de vent en
marques d'audaces, comme chances et silence nous
entraînant.
Présent dans chaque regard, écoute
Se languir seul et se ressourcer

En songe qui ne se réclame
Sans ressentiments ni demande
Apparenté de rêve et de lumière
Observant les flots et les lisières
Au printemps
De chaque histoire

Songeant aussi que les mers te rassurent
S'esclaffant à tant d'horizon
En lignes, en caractère

Descendant limpide
À nos rives
Comme à l'imperceptible

De ton souffle
Soulevant ces reflets d'y voir
Blanches les aventures

S'éblouir comme s'éclabousse
L'étincelle de nos *bonjours*

Sous couvert d'un peu de vent reprendre
Les eaux profondes des sentiments

Pour un peu de résonance

Comme îles saisissantes

Nous sommes beaux
À l'ivresse, en repos
Solvable dans nos accords

Trouvant l'altérité et le calme
Comme chaque grain de sable
Réchauffe mes pieds et mes poèmes
De ce temps, de ce tendre
Sur nos eaux si peu blêmes
Qu'il m'en impulse

Un soutien musical et infini
Pratiquement une émotion
Flot d'une poésie contenue de toi, perpétuelle

Tempête

Notes de vent par temps d'horizons
Reprendrais-je la mer où ces eaux vives
tourbillonnent

Nos hautes et basses marées
Déjà à l'eau
Cela pirouette des vagues
Prises en leurs destinées

Comme à la chasse des harengs-sort
Les écumes reflet se conjuguent
Au désir pourpre qui nous égoutte
À reprendre aurore
Nos trésors

Nom d'une tempête
Vaille que vaille

C'est bien là, dans nos cœurs,
Que des bourrasques s'affrontent

L'heure de caboter pour un caboteur
Sur la terre des drapeaux en fête
Et ces pas sages presque effacés
En faveur et torsion du vent

Soufflant l'envie dans nos voiles, parés haut de
l'idéal
Voilà ces plaisirs, vagues tant écumées
À convaincre haut et fort

C'est en nous que ça déborde
C'est en nous tel un soleil se dégorge
Repoussant ou se reposant des rives

Presque endigué
Dans pré carré de soleil s'assoiffé
Scellant voix salées et parfois touchantes
À bien des élans
Sur les falaises de nos années

Je déliterais encore
La réalisation de l'aurore

Comme lorsqu'on se rend compte
Que la vie s'est éprise
De nous avoir transposés

En ces vagues et reflets
Qui jamais ne dorment de son chant
Jouant de ses reflux tels nos vingt ans

Et regorger à ton encontre
Des eaux sans tourments
Moi-même alluvions de sable
De ce temps tourbillon

Imagine

Emporter par des confins d'horizon
Ces rencontres
Aux rêves imbibés
Traduis de prose ou de submersion
La passion qui nous était
Autrement qu'à la page
Des couleurs et des sentiments

En dehors ou à travers les silences
J'observe remous et nuit
Flamboient encore des reflets d'étoiles
Celles de mémoire, lumières et voiles
De lune et d'univers se recouvrent les dunes

En exposition et embruns
Déductibles à l'eau qui dort
Une goutte
Sablée d'écoute
Remonte les peines et les joies d'aurores

Diffuse sur l'éther
Nos indescriptibles effusions
Caressant l'angora
D'une caresse en ritournelle

S'empressant de retrouver en nous ce soleil qui boit

Le chant trémoussant bien des jours
Comme perçant tout un amour

Reflétant encore
Les étoiles et leurs lumières
Légères et promises au retour

Ces notes en trésors
De tant d'ébrasures, d'écumes
Flammes de poésie
En écrits ou dilutions
Pleines et audacieuses
De ton bonheur attendrissant

Aguerris
Imperceptiblement

Comme une musique s'applique
Sans fracas
Songeant aux tremplins
Que sont nos vagues
Que sont nos vagues

Sur tant d'horizon étant la beauté
Comme une mélodie des amours

Découlant comme transformant
La recherche et la prise des vents

Émulsion

Elle peuple mes sensations !
Que telle poésie se fait air
Et envies d'effusions

L'épanchement de la vie
S'éclaire et dialogue
En sésame, la vague
De lettre et de l'âme

Toujours libre
Comme fluide

Tâtonnant son eau vive
Toi
Moi

Adam ou Eve
J'en ai pris les cotes
De mes *si*, l'humeur saute
En priant en l'autre
Que nos sèves et nos eaux se croquent
En chérissant parmi tant d'étoiles
Le regard, l'épaule, la chair et le savoir
Qui rampent ou trempent les espoirs
De nos histoires rencontrées

Des ramures de rivière et des courants d'océans
Pour sa chaleur en bannière

L'idéal que je me livre
C'est fait lit

L'écoute dérive
Palpitante
En cœur
D'une aisance ou d'un mot
Presque à transparence

Liant de ces vivres
L'*ici* et le *maintenant*
Se faisant mots et haleine
Respirant comme l'air et l'envie

Qui se tient là
Échappant à mes mains
Sa translucide énergie

Oh, comment ne pas t'atteindre…
Dans la particule
En soleil et nuit

Le seul chuchotement du vent
Ce souffle endogène
Du presque éphémère
Et pourtour infini

À tout un chacun épris
Qu'il faille en moi
Reconnaître
Autant le poète, son amoureux dialogue

Où la vie se désaltère
Comme une source
Aussi brève que sage
Que puisse être notre temps

Qu'il nous faut la cueillir
Y plonger et la chérir
Comme se donner
À presque pousser
De toutes nos racines dans lesquelles loge
Sa chance puisée

Afin d'y voir clair et brillant
Tant d'avantage puis de remerciement
Le merveilleux don

Faisant rimer de nos attentions
Son encourageante prétention

Cette soif
Je te le dirai toujours
Consolidera
De jour en jour
Les uniques rêves de ce monde
Caressant l'être et lettre sans détour

Comme unique soleil
… c'est notre amour
De la vie partout où elle se niche

Alors il fallait bien
Que je te raconte
La tirade de ces vagues
À nous

Note d'embrun

Souvent, comme se dissolvent
Les embruns
Le poème s'évente

Ou prend le vent

Rien que tel embrun…
Piquant, pétillant en nos yeux

Charrie, varie d'état

De sa vie
Se lisent et s'unissent des grains de sable
À faire pays

À voyager
Comme s'étendre partout
Enluminer la voile d'un souffle

De nombreux rêves s'échouent, renaissent,
s'ébrouent
Vagues, élans
En ce maintenant, à flots

Se réinvente
Perpétuelles
Les mêmes lueurs blanches, pour quelques ombres
sens dessus dessous
Et son long cours
Intense
D'écume
Marquant en fleurs sur les rivages

Dévolu par ces eaux

D'une mémoire agitée
Étendard d'azur comme une plaine
Comme l'esprit sirène
Le cœur tout autant
Que nous lui avons
Si bien appartenu
À revoir un peu ce qui va et qui vient
Comme étendue
Comme retenue

Aussi clair et lucide

Prêt à tout recommencer
En ces rives
Dessinées
Je trouve en chamaille

Aussi saine et vive

Le bénéfice du grand large
En des phares transit
Au milieu d'un flot, d'une nuit, d'un jour
… et puis qui saura dire

Ce qui palpite
Devant ces fleurs
Où l'âge reviendrait
Là, en pensées qui s'embellissent et leurs prémisses

Courant d'éternité

Vague, mon incessante
J'y ai trouvé nos traces immanquables et emportées
Que tu as bien voulu me laisser

Au bord
Entre terre et mer limpide
Prêtant au ciel la couleur des rives
Moussées et imaginer ta ligne en mon rêve

Sur les bancs, sablée

De vie grouillante
A l'intérieur se faisant perle
Comme de toi ondulant les poèmes

Coiffés sous ton souffle
J'écoute ou j'égoutte les refrains
Réinventé et suivre un accueil
Puis se retire et revient

Ta caresse
Aussi loyale qu'ensoleillée
En l'ode et la chaleur
Zébrant les terres et les ondes à la surface immense
De ton cœur

Toi qui m'es tant enivré
Mer ouvra tellement de douceur
Que je n'ai pu t'oublier

Sable dérobé et détaché à ton silence
Murmure qui te colle à la peau
Grain semé, sablé ou de chance

Vague, mon incessante
J'y ai trouvé nos traces immanquables et emportées
Que tu as bien voulu me laisser

Alors je pars comme suivant les eaux vives à travers
l'été et je suis resté
Une partie de toi

COURANT OUTAKA

Plaidoyer 7

À l'air du temps 8

Épopée 14

Rebond 23

Témoin 25

Itinérance 28

Le minot 32

Immersion 38

Tempête 41

Imagine 43

Émulsion 45

Note d'embrun 48

Courant d'éternité 51

Du même auteur

La Déclaration, anticipation, Chiado éditeur, 2015
Emmène-moi, proses et poésies, Boadicée Éditions, 2019
Kikou et autres magies contrariées, contes et nouvelles, Éditions BOD, 2020
Valkyrie, perceptions en huis-clos, témoignage initiatique, Éditions BOD, 2021
Shoot de story, nouvelles, Éditions BOD, 2021
Shoot de slam, pensées et réflexions, Éditions BOD, 2022
Bonbon d'artiste, poésie, e-book BOD, 2022